THIS BOOK BELONGS TO

WINTER
READING ACTIVITIES

Clouds

Rain

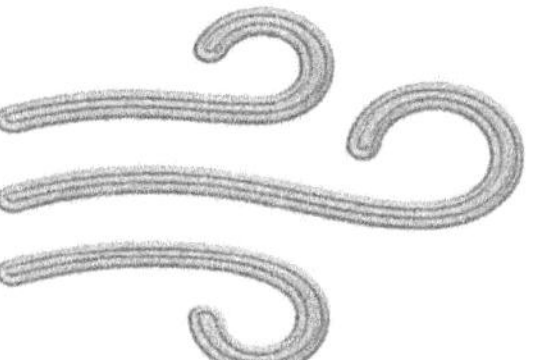

Wind

Snow

Snowman

Storm

Snowflake

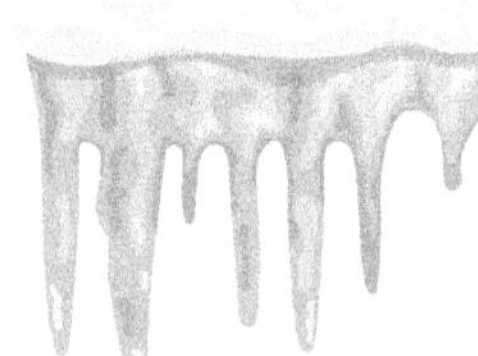

Icicle

Cold

WINTER
READING ACTIVITIES

Raincoat

Jumper

Coat

Hat

Scarf

Boots

Mittens

Socks

Umbrella

WINTER
READING ACTIVITIES

Hibernate

Quilt

Warm

Fireplace

Skates

Sled

Skiing

Fog

Shiver

WINTER READING ACTIVITIES

Shawl

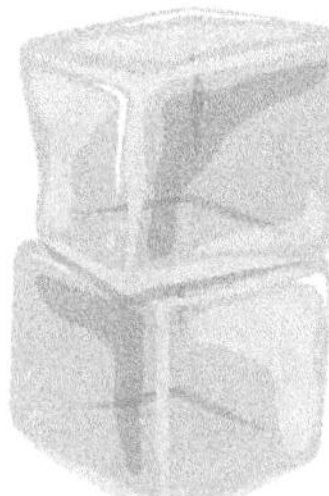

Ice

Igloo

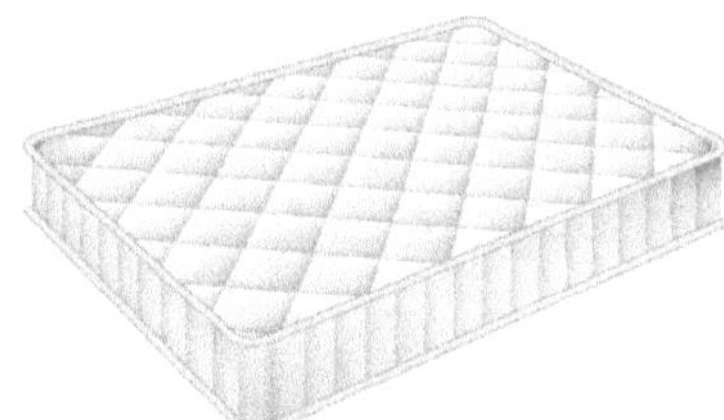

Mattress

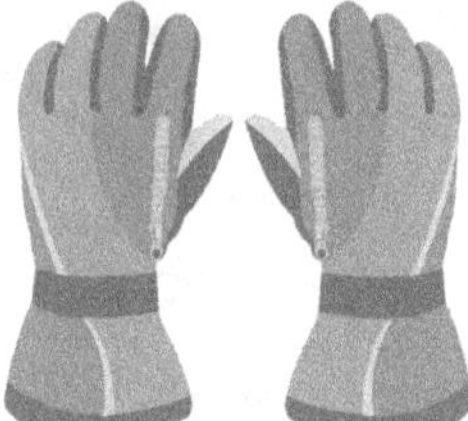

Gloves

Earmuff

Bear

Jacket

Firewood

WINTER
READING ACTIVITIES

Hooded

Muffler

Hail

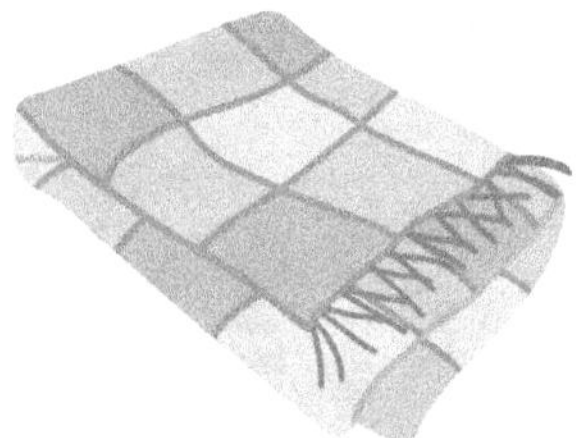

Blanket

Chimney

Sweater

Christmas

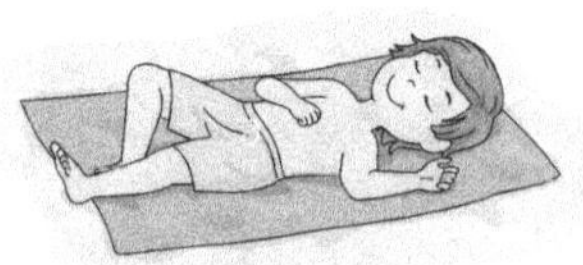

Bask

HotTea

WINTER
TRACING ACTIVITIES

Clouds

Rain

Wind

Snow

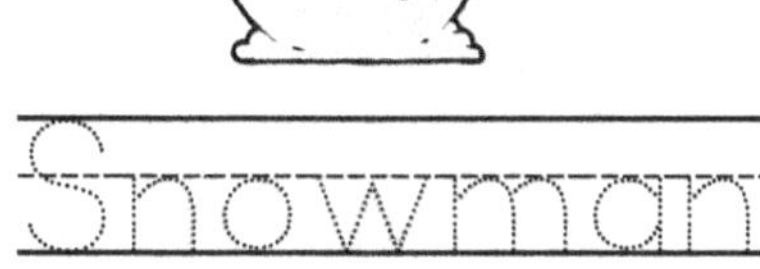

Snowman

Storm

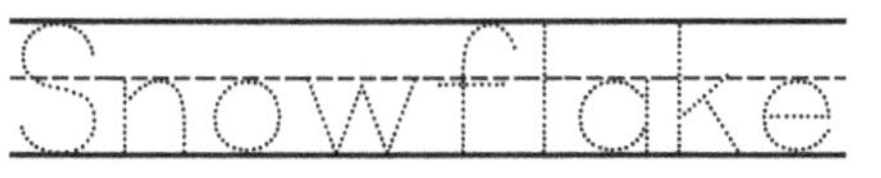

Snowflake

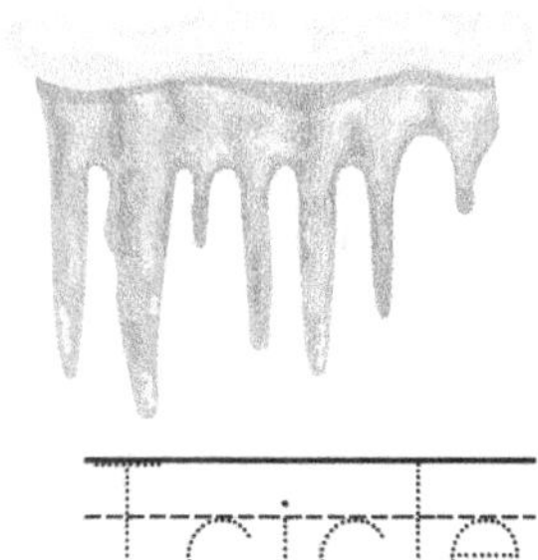

Icicle

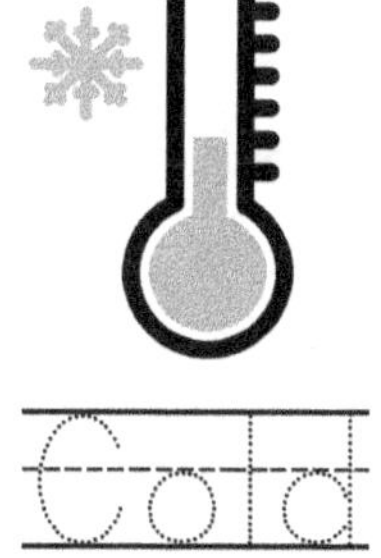

Cold

WINTER
TRACING ACTIVITIES

Raincoat

Jumper

Coat

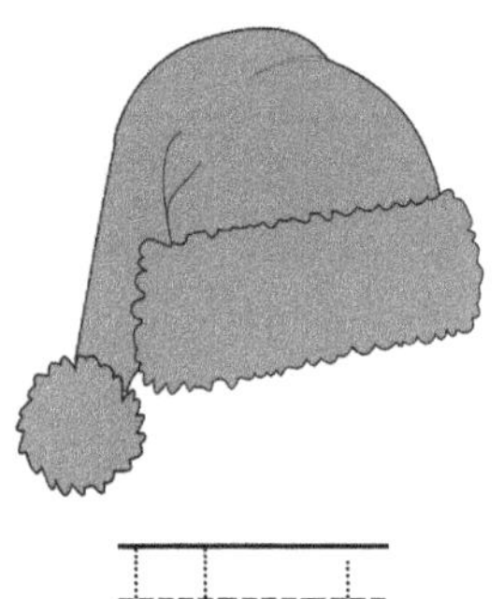

Hat

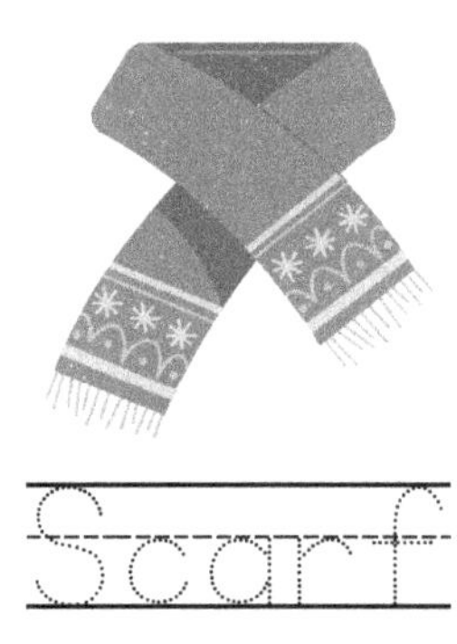

Scarf

Boots

Mittens

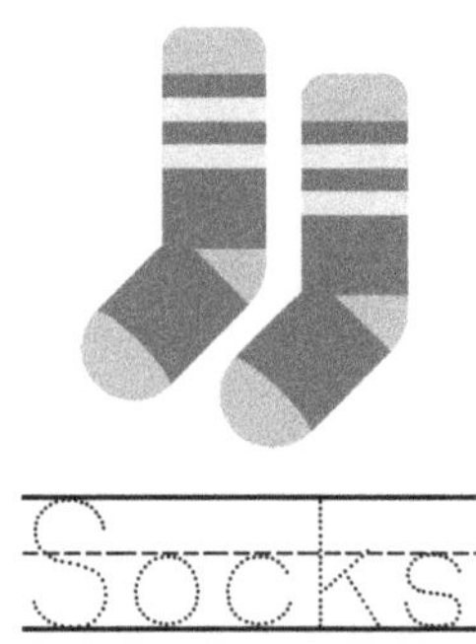

Socks

Umbrella

WINTER
TRACING ACTIVITIES

Hibernate

Quilt

Warm

Fireplace

Skates

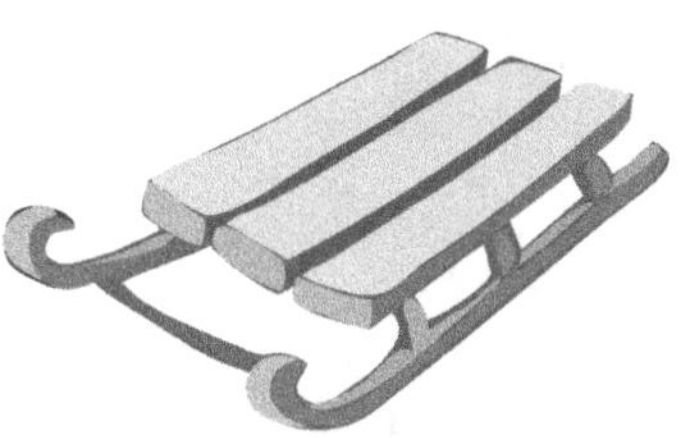

Sled

Skiing

Fog

Shiver

WINTER
TRACING ACTIVITIES

Shawl

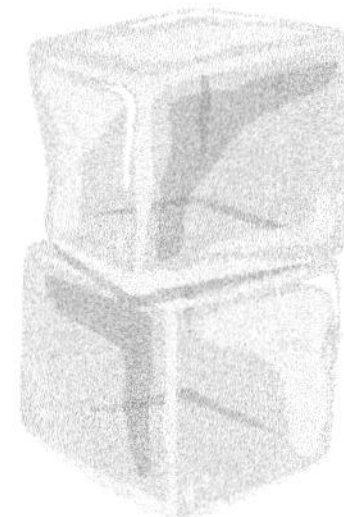

Ice

Igloo

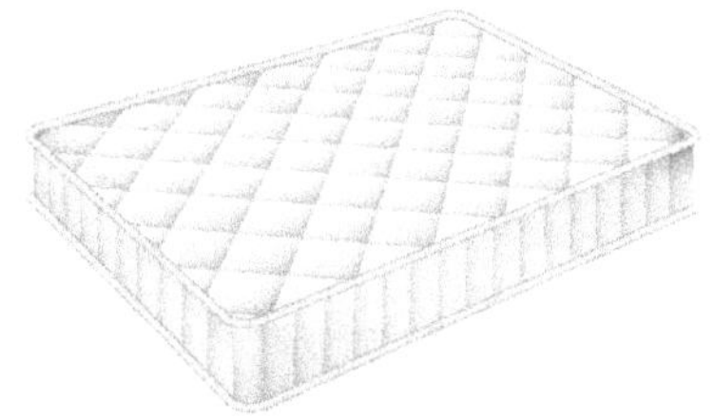

Mattress

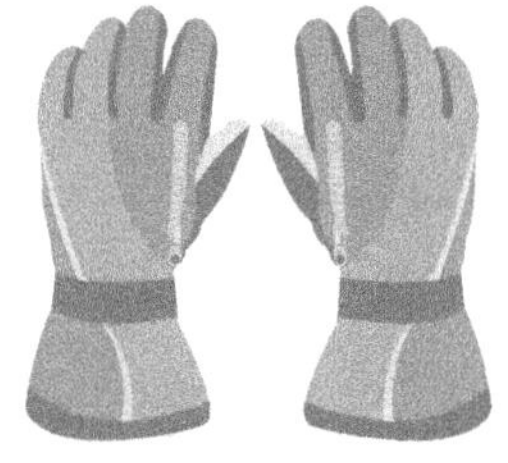

Gloves

Earmuff

Bear

Jacket

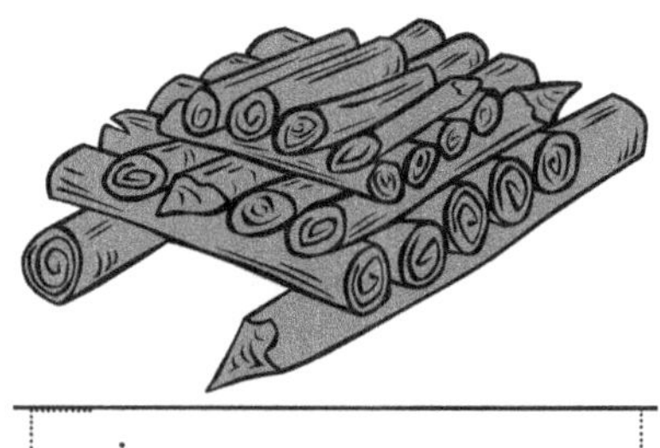

Firewood

WINTER
TRACING ACTIVITIES

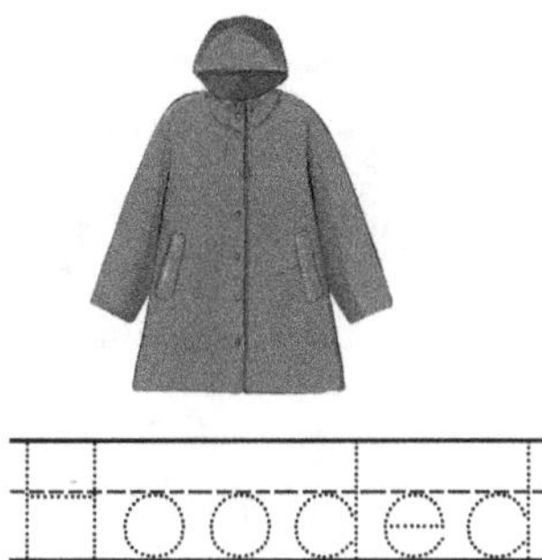

Hooded

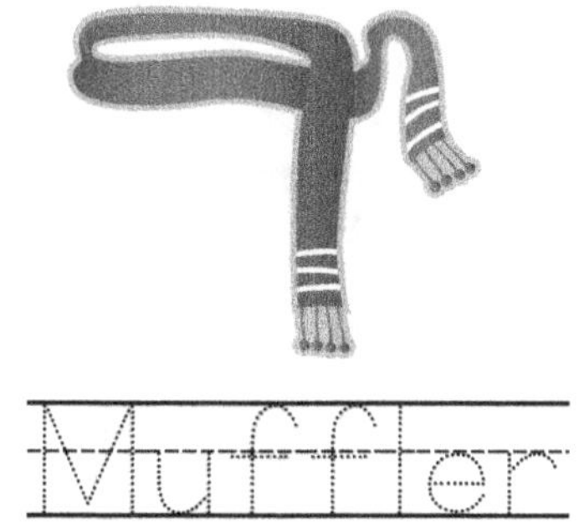

Muffler

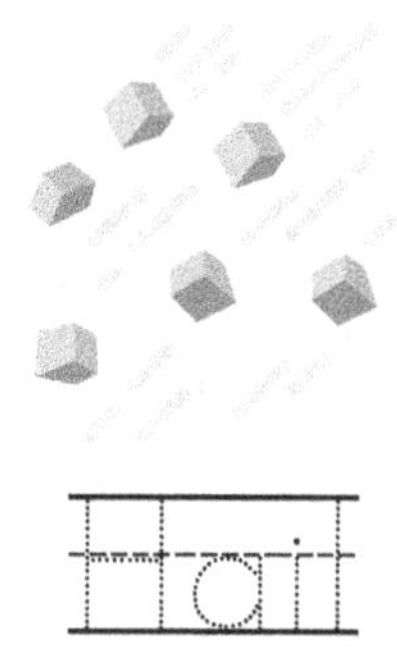

Hail

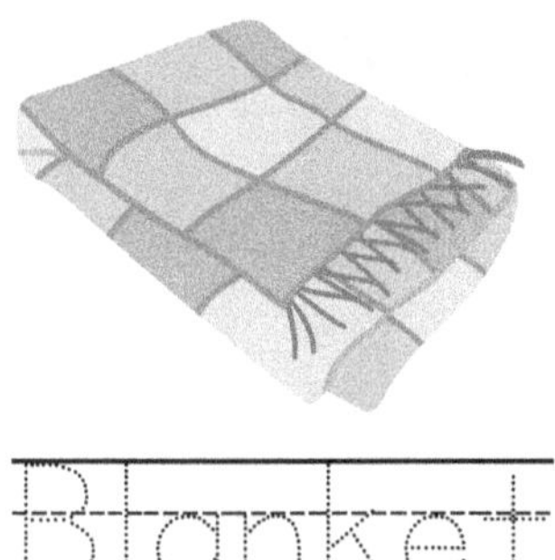

Blanket

Chimney

Sweater

Christmas

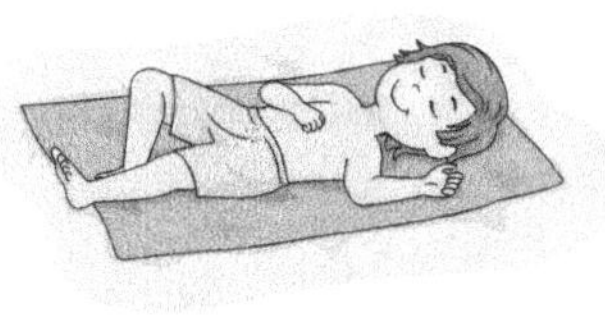

Bask

Hot Tea

WINTER COLORING ACTIVITIES

CLOUDS

WINTER COLORING ACTIVITIES

RAIN

WINTER COLORING ACTIVITIES

SNOWMAN

WINTER COLORING ACTIVITIES

RAINCOAT

WINTER COLORING ACTIVITIES

HAT

WINTER COLORING ACTIVITIES

MUFFLER

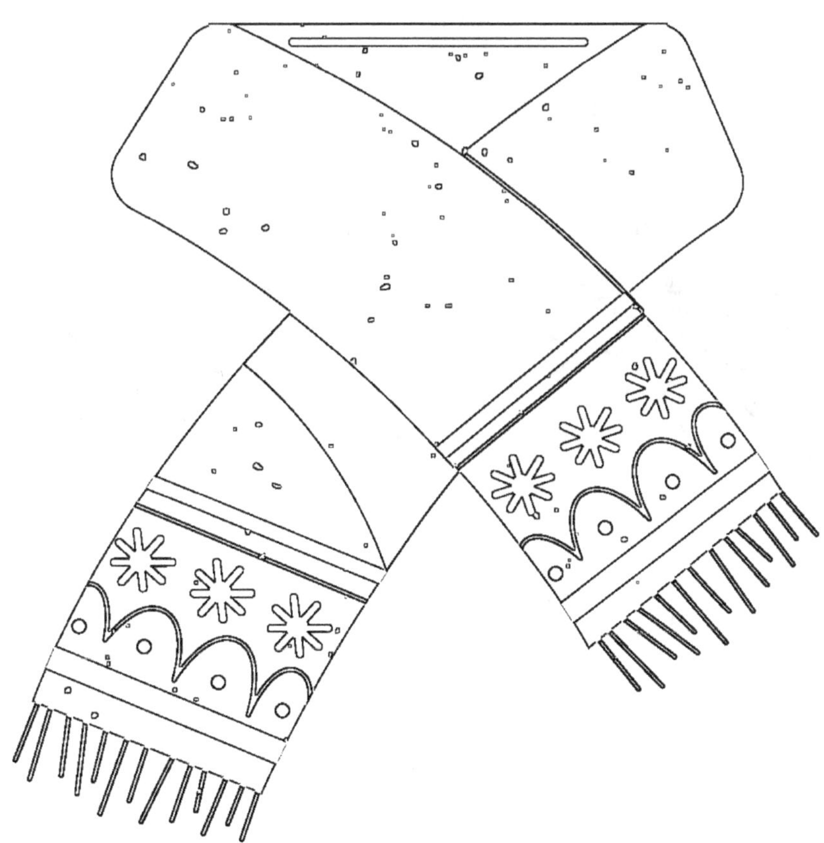

WINTER COLORING ACTIVITIES

MITTENS

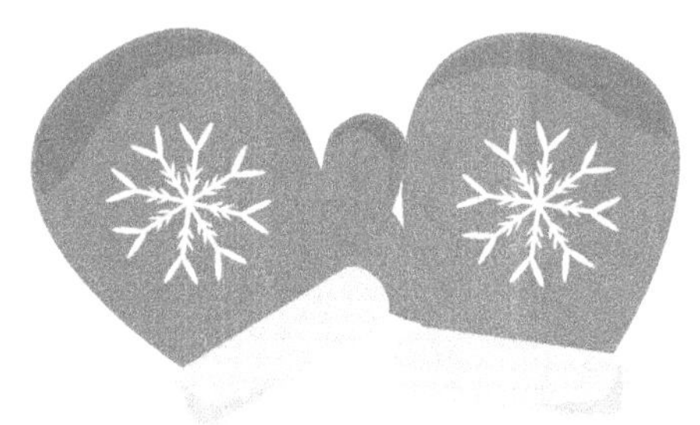

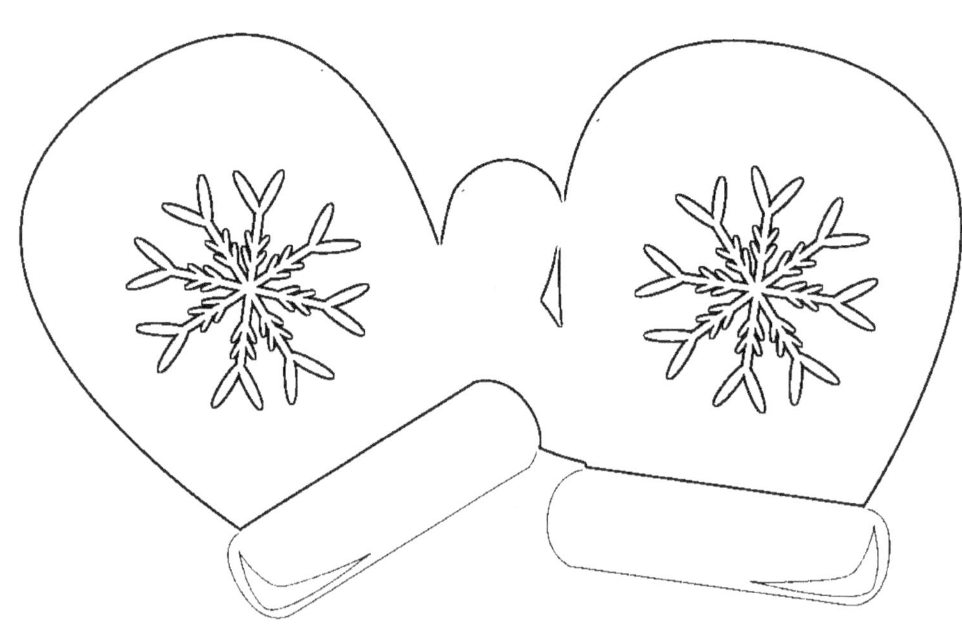

WINTER COLORING ACTIVITIES

COAT

WINTER COLORING ACTIVITIES

UMBRELLA

WINTER COLORING ACTIVITIES

QUILT

WINTER COLORING ACTIVITIES

FIREPLACE

SKATES

WINTER COLORING ACTIVITIES

SHAWL

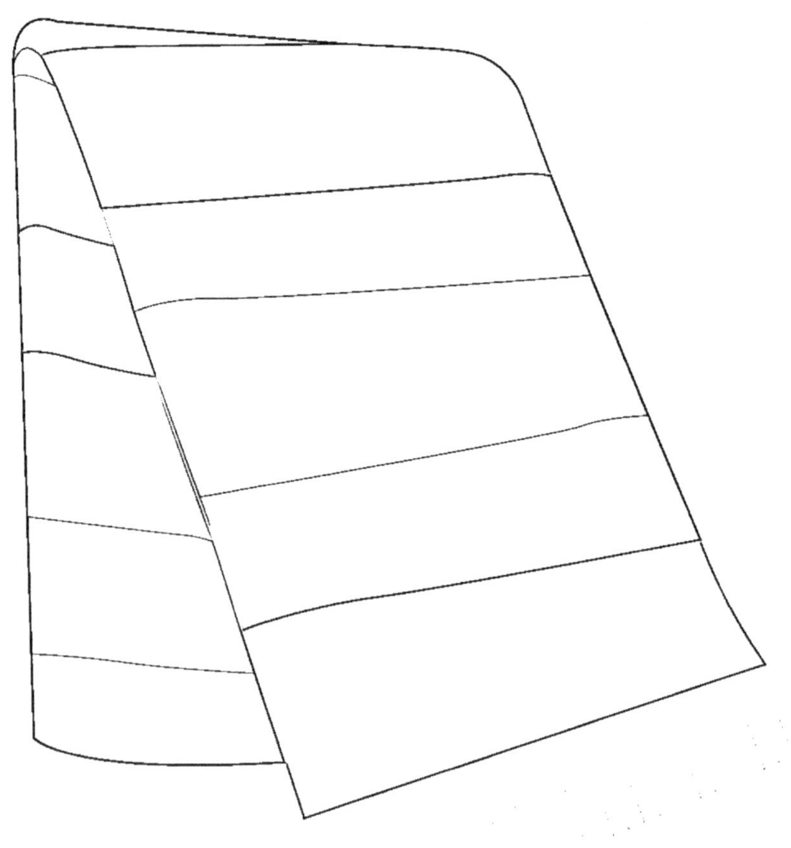

WINTER COLORING ACTIVITIES

BLANKET

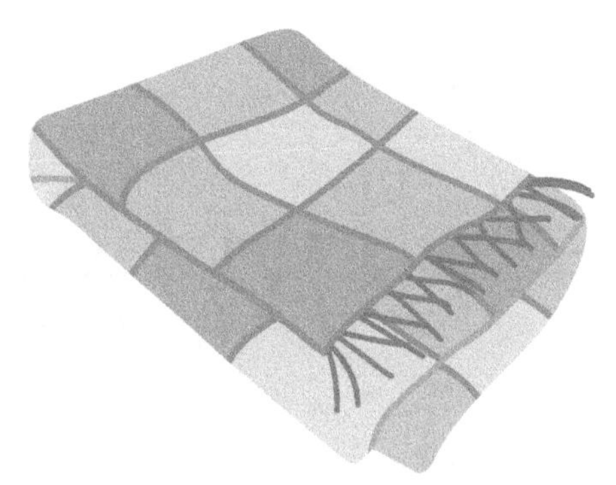

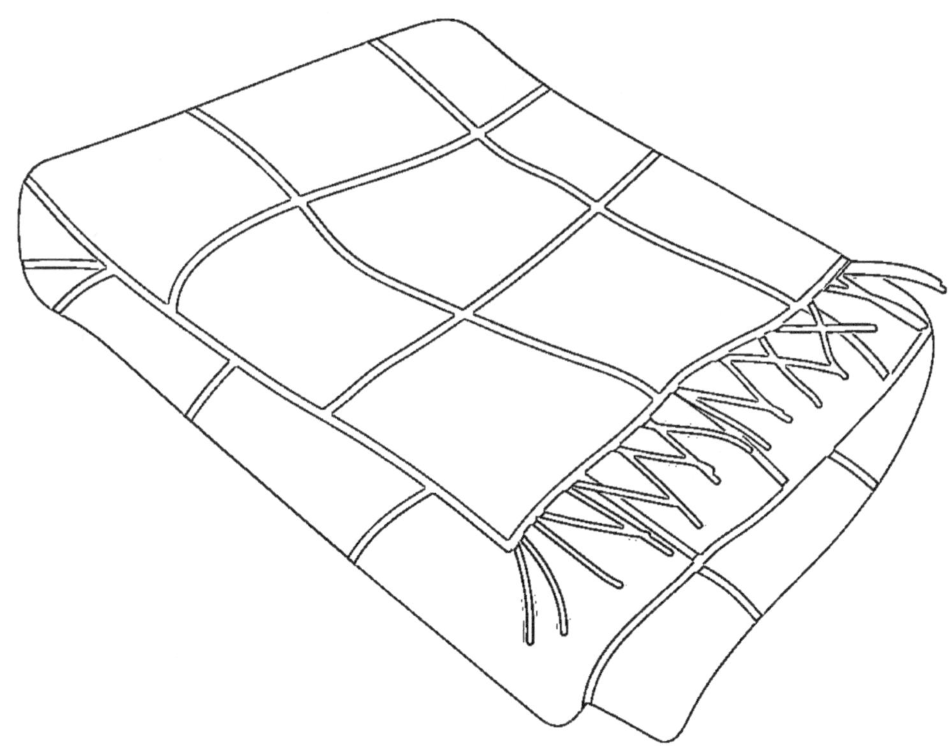

WINTER COLORING ACTIVITIES

JACKET

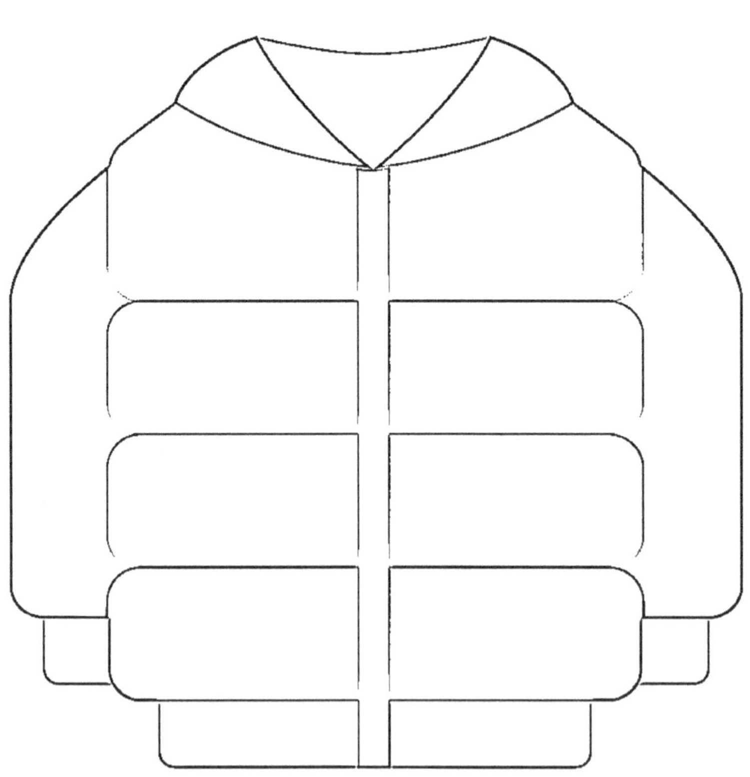

WINTER MATCHING

Matching words with the correct picture.

Clouds 

Rain 

Wind 

Snow 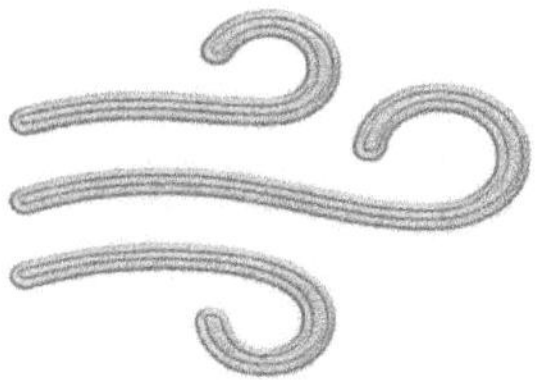

WINTER MATCHING
Matching words with the correct picture.

Snowman

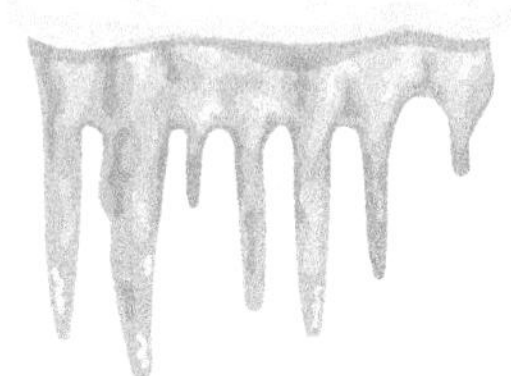

Snowflake

Storm

Icicle

WINTER MATCHING

Matching words with the correct picture.

Umbrella

Coat

Hat

Scarf

WINTER MATCHING

Matching words with the correct picture.

Boots

Socks

Mittens

Quilt

WINTER MATCHING

Matching words with the correct picture.

Shawl 

Skates 

Sled 

Fireplace 

WINTER
SHADOW MATCHING

WINTER
SHADOW MATCHING

WINTER
SHADOW MATCHING

WINTER
SHADOW MATCHING

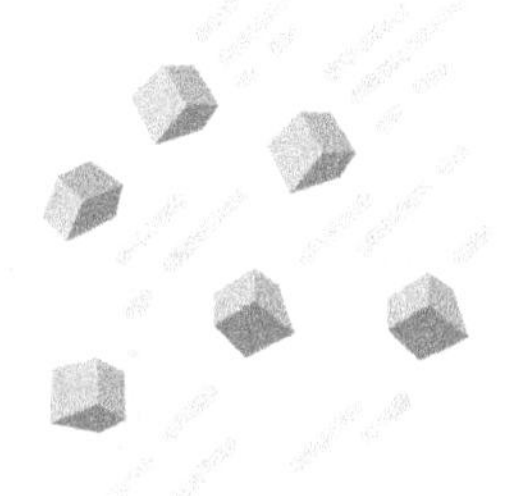

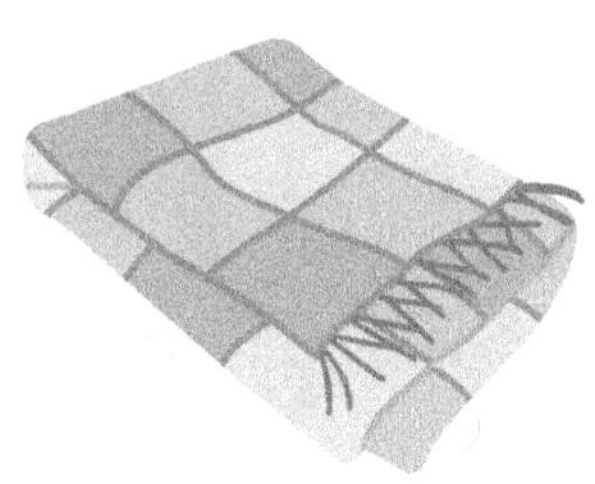

WINTER
SHADOW MATCHING

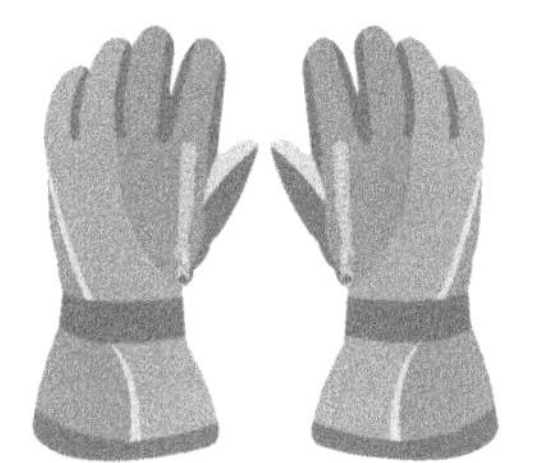

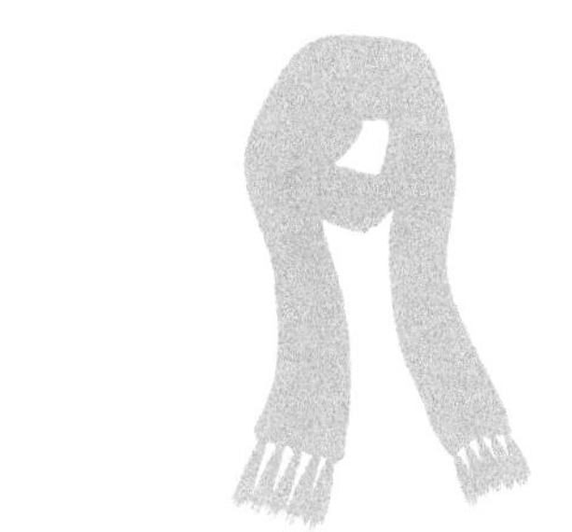

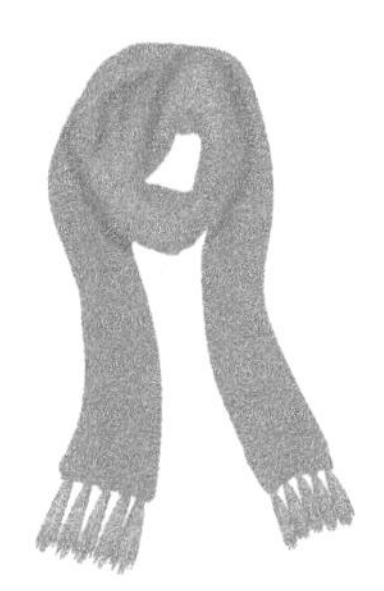

WINTER WORD SEARCH

Find the words in the puzzle. Words are hidden down and across.

```
F M H C P L N O Y P A M A
B Q H L H A D A T L N H E
E E R Y M D R N T D R R K
M G F W W W V G N B A P T C
M R O K O P E N I N V M J
O N O R N X O N M K C L A
S M Q T S U O S N T K M I
N B G G S W T J E S G C Q
M F I H G U I Y N L E F G
M W J V E I C L W H A I L
A W F O H X K Y X Z K D Z
L C W U W S D U O L C O Y
B H X T K F Y M K U K N R
```

CLOUDS   RAIN   STORM

SNOW   SNOWMAN   HAIL

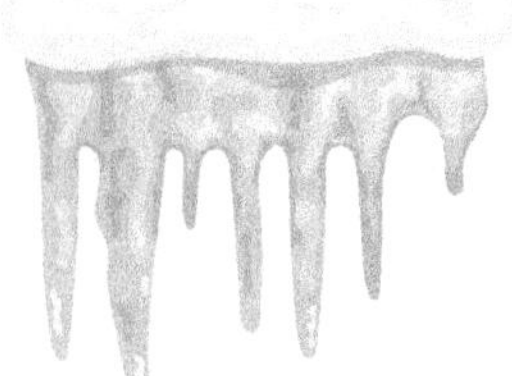

WINTER WORD SEARCH

Find the words in the puzzle. Words are hidden down and across.

```
D  L  B  G  F  V  O  E  M  I  F  G  T
R  L  O  W  W  I  Y  Z  C  W  Q  A  Y
R  T  O  H  I  X  E  I  D  X  O  L  D
R  D  X  C  N  E  C  D  Y  C  E  A  G
F  S  F  J  D  L  L  P  Z  J  X  N  G
Y  P  K  J  E  K  A  L  F  W  O  N  S
L  X  Y  T  K  D  S  A  D  B  A  T  Z
R  W  T  V  Z  L  P  A  G  Y  N  L  B
E  W  O  D  V  G  M  Z  Y  H  K  G  S
P  W  H  O  A  S  M  Y  M  F  G  N  T
M  X  X  B  J  L  D  O  C  N  T  Q  A
U  J  U  L  N  J  C  X  S  X  M  Z  A
J  S  Z  H  H  E  F  J  F  K  V  M  Y
```

WIND	ICICLE	SNOWFLAKE
COLD	JUMPER	COAT

WINTER WORD SEARCH

Find the words in the puzzle. Words are hidden down and across.

```
O  R  C  T  G  W  I  I  F  F  E  D  T
A  N  P  W  F  U  D  V  H  A  A  V  C
F  D  J  W  G  I  O  H  L  D  M  D  S
B  Z  J  D  F  D  H  S  Z  Q  Q  T  E
O  J  P  S  I  F  F  U  Z  Y  A  I  N
O  U  H  S  R  Q  M  I  O  H  U  G  E
T  K  O  J  O  B  M  E  S  C  A  R  F
S  Q  U  L  R  C  Y  D  S  Z  B  Y  K
F  N  Z  E  X  P  K  K  Y  W  M  F  C
U  U  L  W  A  H  S  S  C  T  F  H  E
V  L  O  H  T  Y  G  Y  T  R  Z  V  F
A  C  Y  H  G  F  Y  X  N  V  I  L  K
I  P  V  J  M  B  E  W  B  B  E  U  G
```

HAT	SCARF	SOCKS
BOOTS	UMBRELLA	SHAWL

 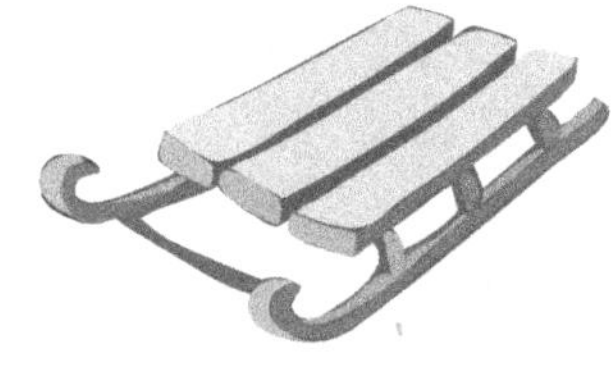

WINTER WORD SEARCH

Find the words in the puzzle. Words are hidden down and across.

```
J Y O V J Y U Y V O S J M
E Q P T W V Y N E L A D F
R C H O J B I H E X K D M
M R A O M F M D F E Z H B
H Z I L R Y G X A N H V J
A Q U G P N V L S K T Q U
J N F W I E F K J O H U M
V S A I J G R H G X M I X
S E K A T S B I O Q W L N
D S H J E Q Y I F L J T Q
W H H V V V M W Q H M N X
C J Q A L Y L V Z G B S P
G U D I L V A L G J Z I P
```

QUILT	SLED	STAKES
FIREPLACE	FOG	SKIING

WINTER
WORD SEARCH

Find the words in the puzzle. Words are hidden down and across.

```
B B E W I K A X Z I F J F
L K M N B G L E T S L W V
Q J R E P I L V T K A N N
O A T F J D V O J P O D H
V X O K Y C E A O A P X V
V N C N N V C L P B D K V
V D O Q R K J R L E L X I
K Y N J E G J J I A O A N
J B L T Z T Y S Z R H M M
I C E Y E N M I H C A E N
I O O Y M X N Z D P Z F S
L G Y T E E O T V I R N B
P U N V W M Y Q B W U W K
```

ICE	IGLOO	BEAR
JACKET	CHIMNEY	TEA

WINTER CROSS WORDS

Complete the crossword puzzle with the help of words & pictures.

I.HAIL   2.CLOUDS   3.SNOWMAN

4.STORM   5.SNOW   6.RAIN

WINTER CROSS WORDS

Complete the crossword puzzle with the help of words & pictures.

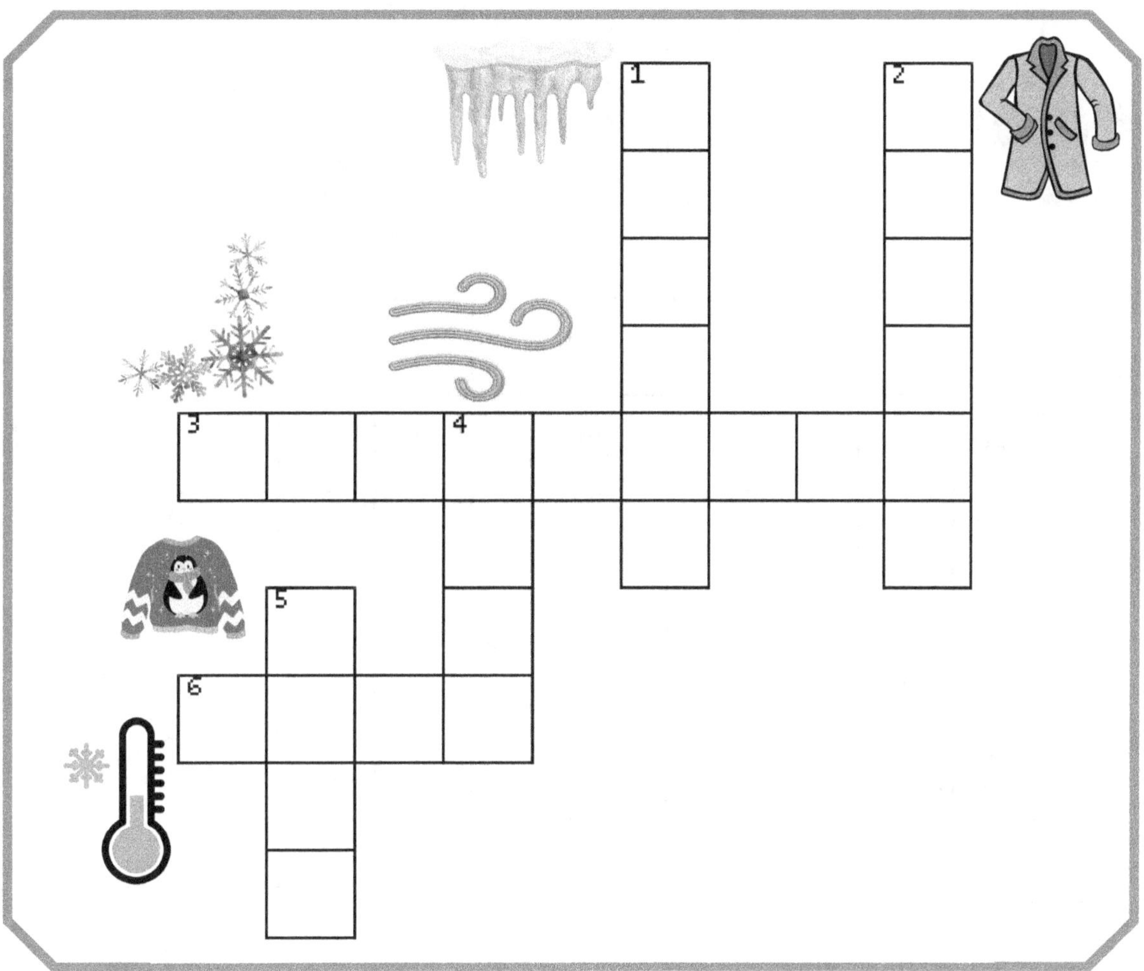

1.ICICLE   2.JUMPER 3.SNOWFLAKER

4.WIND   5.COAT   5.COLD

WINTER CROSS WORDS

Complete the crossword puzzle with the help of words & pictures.

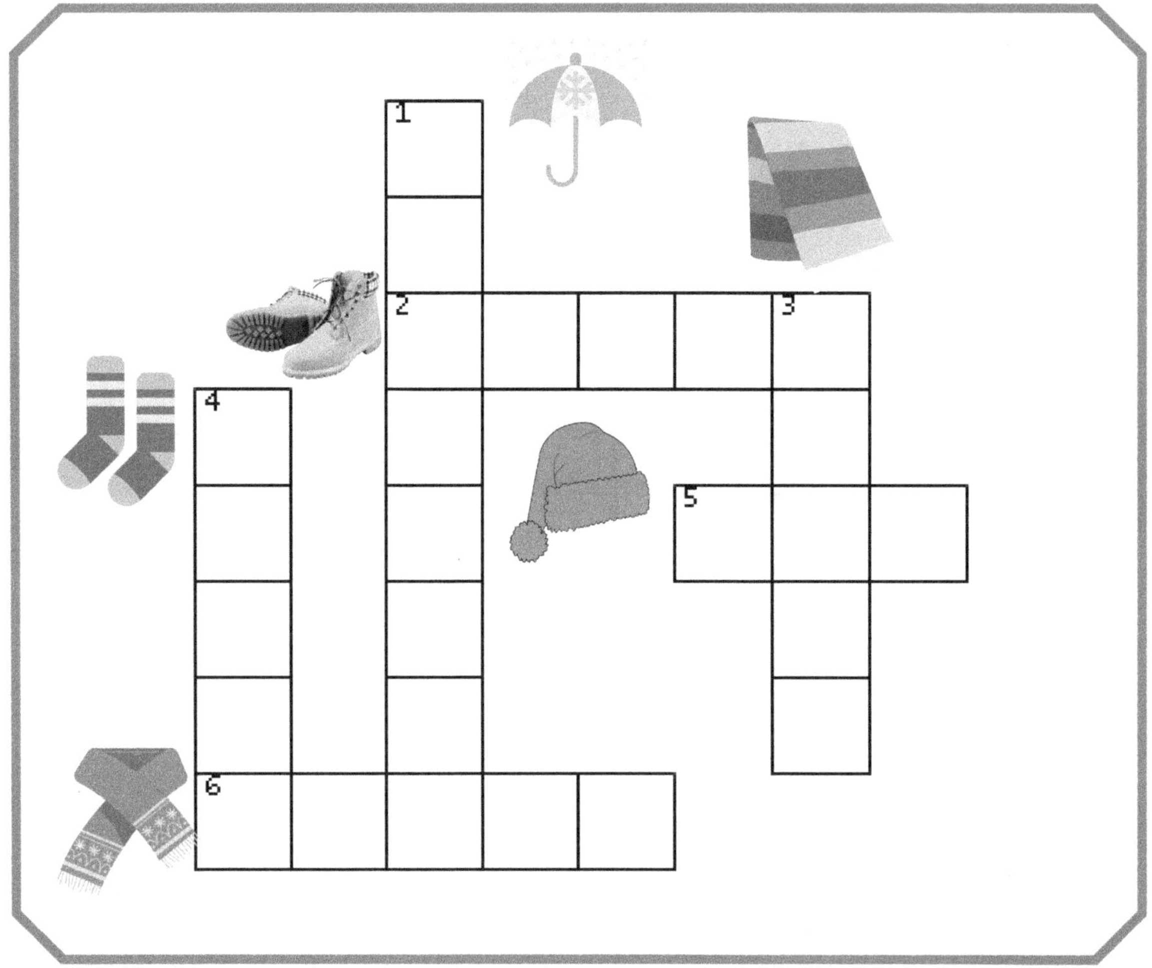

I.UMBRELLA   2.BOOTS   3.SHAWL

4.SOCKS   5.HAT   5.SCARF

WINTER CROSS WORDS

Complete the crossword puzzle with the help of words & pictures.

1.FOG   2.FIREPLACE   3.SKIING

4.SKATES   5.QUILT   6.SLED

WINTER CROSS WORDS

Complete the crossword puzzle with the help of words & pictures.

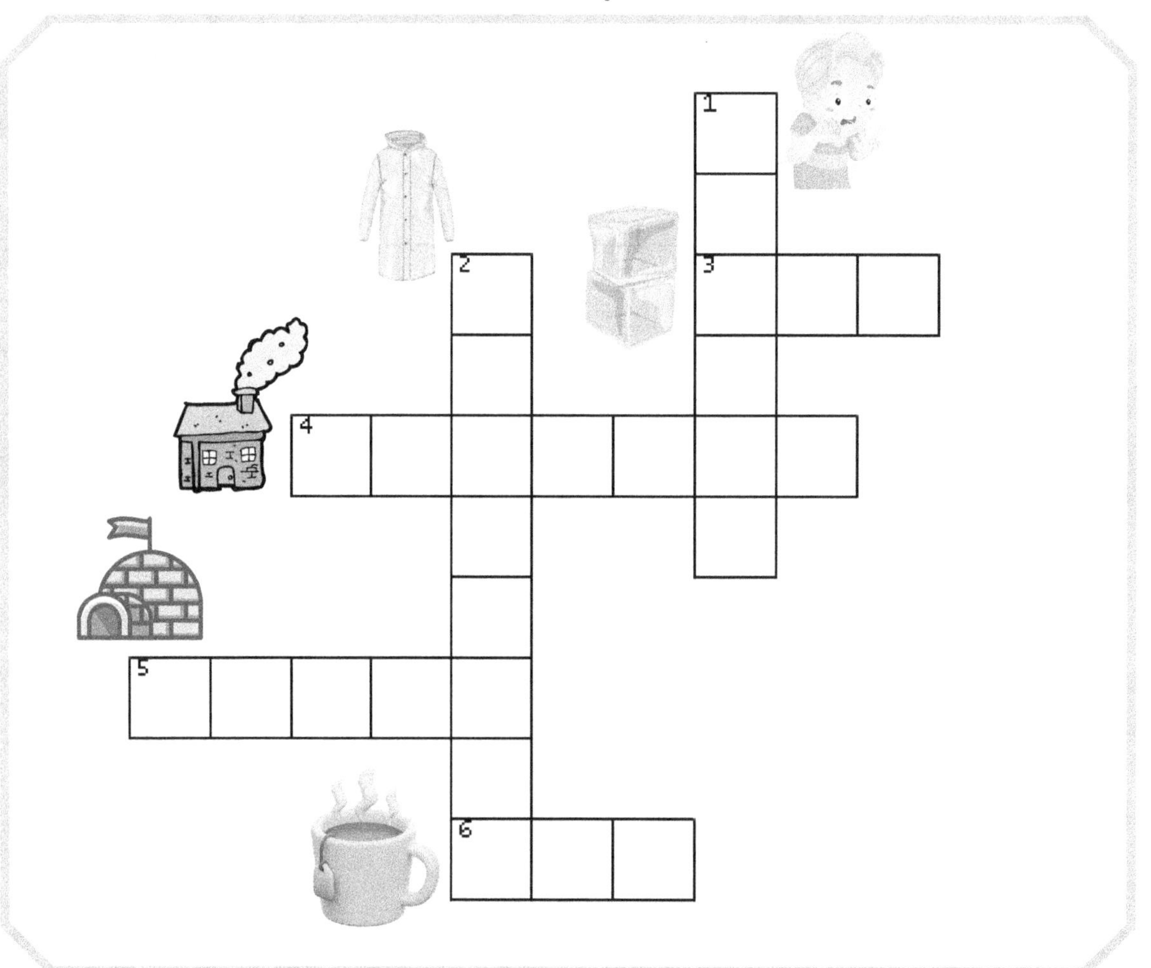

1.SHIVER   2.RAINCOAT   3.ICE

4.CHIMNEY   5.IGLOO   6.TEA

WINTER
DOT-TO-DOTS
CONNECT THE DOTS FROM 1 TO 50, THIS WAY YOU PRACTICE COUNTING AND DISCOVER A CUTE ELEMENT.

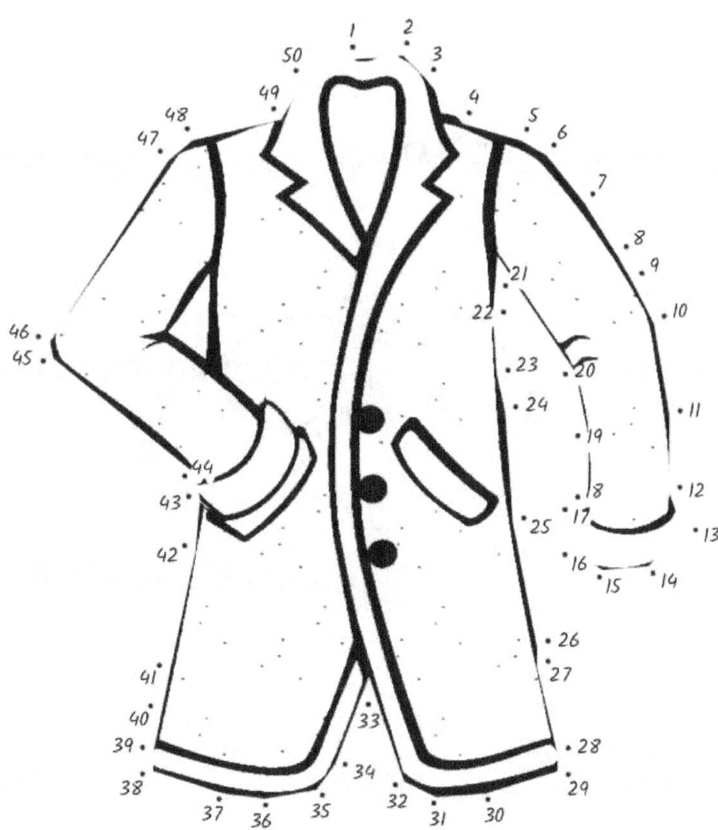

WINTER
DOT-TO-DOTS
CONNECT THE DOTS FROM 1 TO 50, THIS WAY YOU PRACTICE COUNTING AND DISCOVER A CUTE ELEMENT.

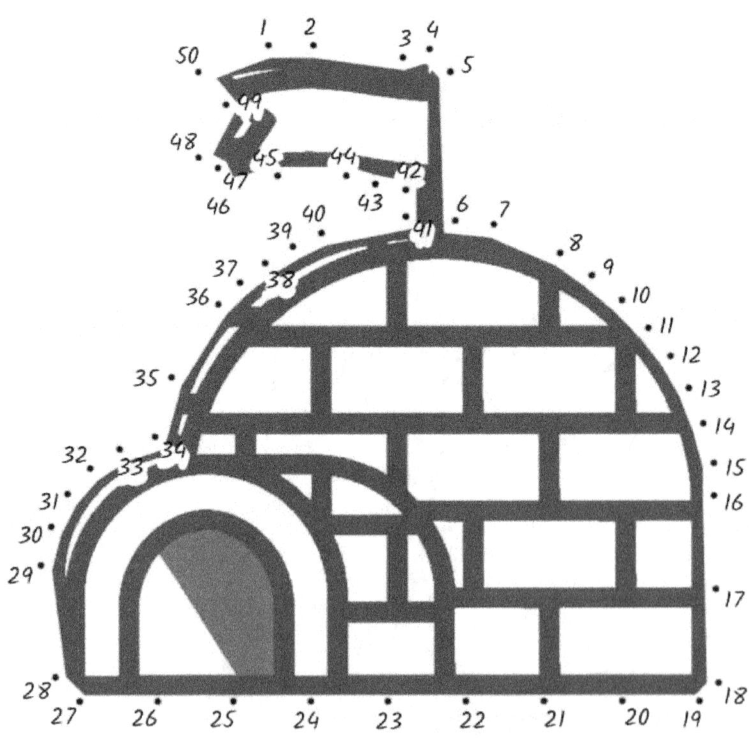

WINTER
DOT-TO-DOTS

CONNECT THE DOTS FROM 1 TO 50, THIS WAY YOU PRACTICE COUNTING AND DISCOVER A CUTE ELEMENT.

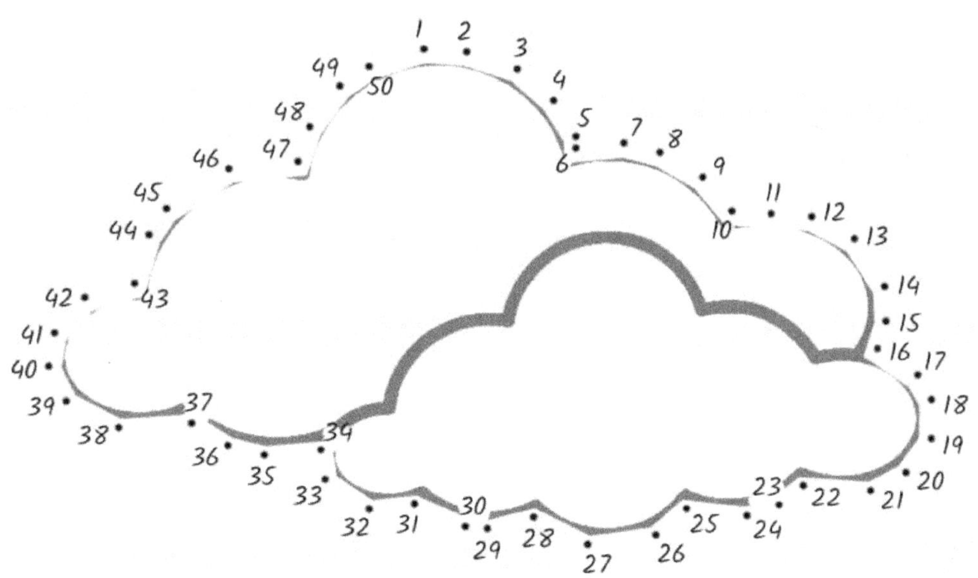

WINTER
DOT-TO-DOTS
CONNECT THE DOTS FROM 1 TO 50, THIS WAY YOU PRACTICE COUNTING AND DISCOVER A CUTE ELEMENT.

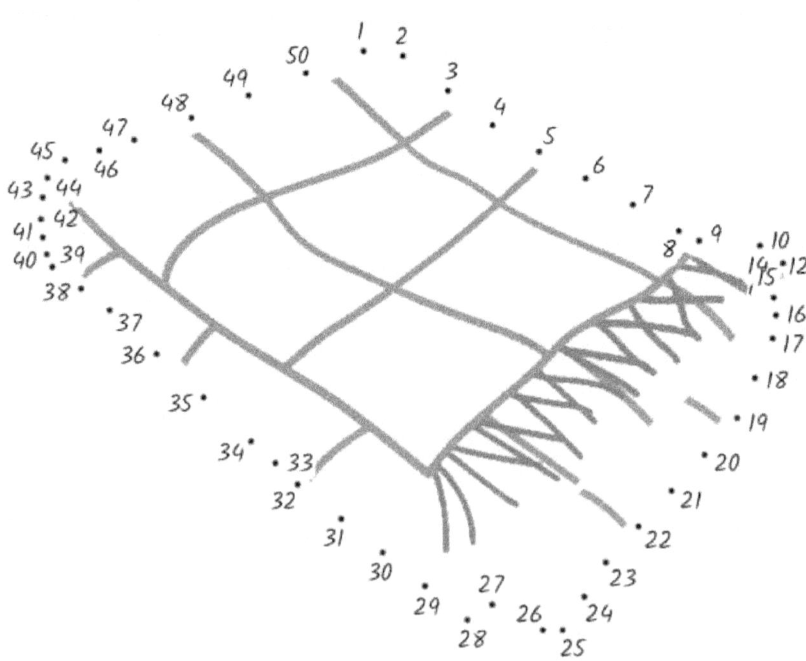

WINTER
DOT-TO-DOTS

CONNECT THE DOTS FROM 1 TO 50, THIS WAY YOU PRACTICE COUNTING
AND DISCOVER A CUTE ELEMENT.

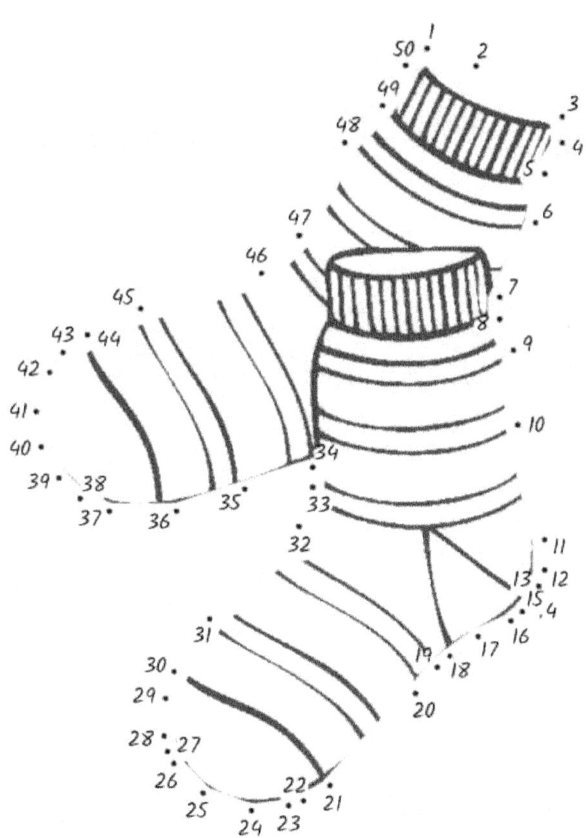

WINTER
WORD SEARCH SOLUTIONS

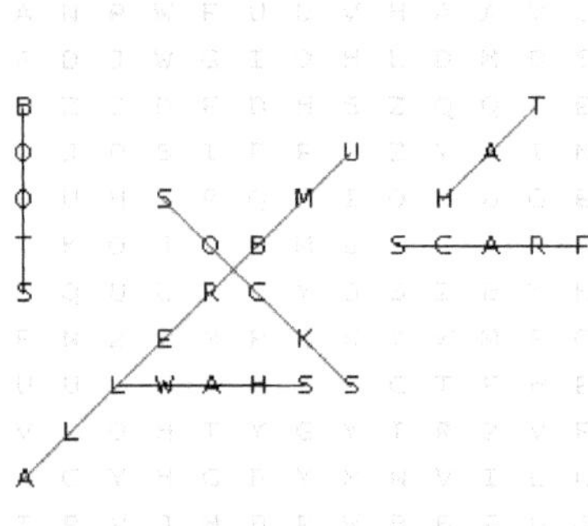

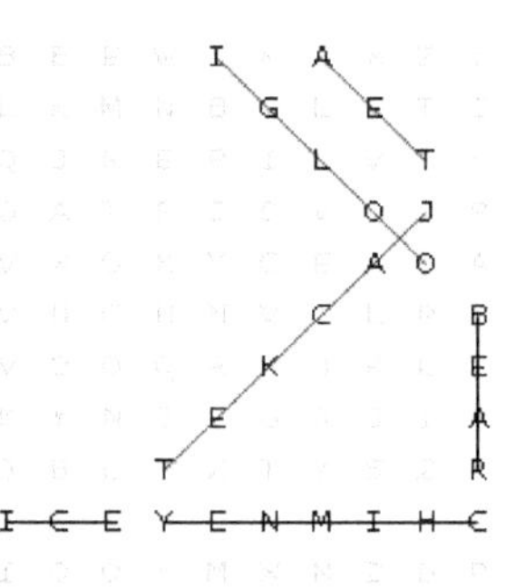

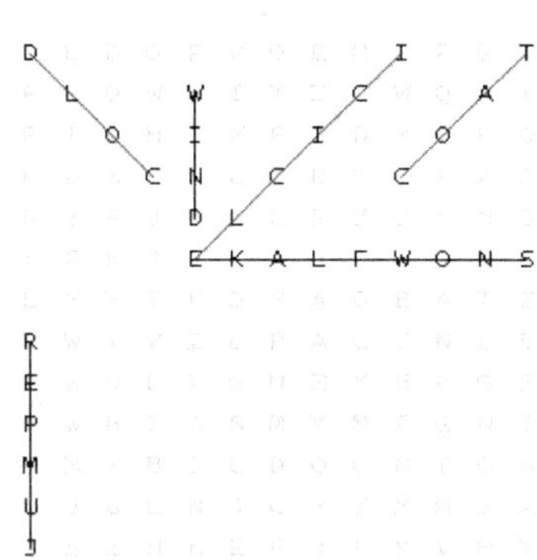

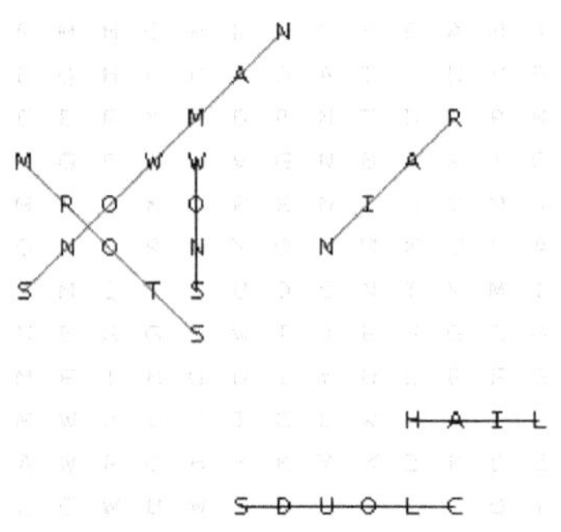

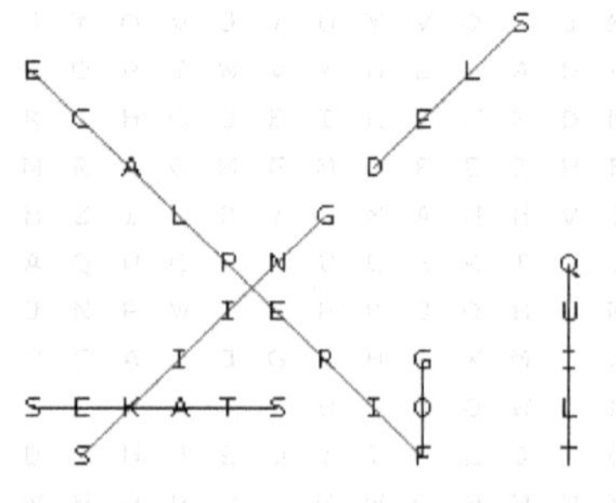

WINTER
CROSS WORDS SOLUTIONS

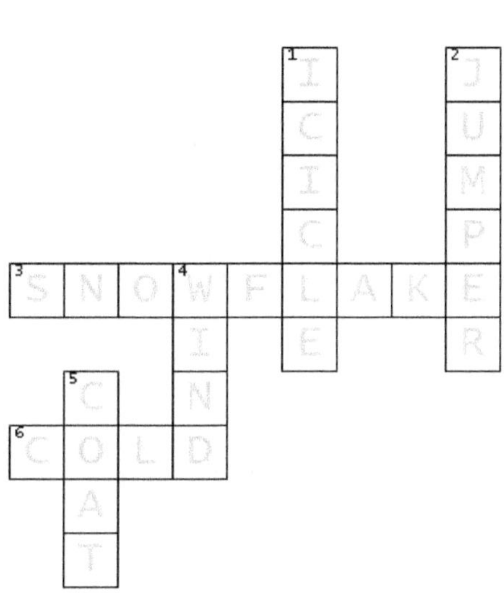